JN437974

어머, 너무나 예쁘네

김건일 Ⅳ시집

을지출판공사

❙ 시인의 말 ❙

시는 절망과 슬픔 속에서 살아가는 사람
희망과 용기 다시 일어서는 힘을 줍니다
내 작은 가슴에 심으면
세상은 온통 사랑으로 보입니다
시를 쓰면서 살아가는 것은
참 행복한 일입니다
시를 통해 삶을 천착하며 심연처럼 천만 리
나를 안내하고, 세상 볼 때도 시선은 미소로
슬픔도 웃음으로 신선 달관한 사람으로
때로는 빛을 발하며 고귀한 삶
사람을 사랑하고 소중히 여겨 세상 등불,
걸어가는 고귀한 마음 깊은 곳에 살며
모두가 시인이 되고
꽃 한 송이 피워
세상 향기 나는 사람으로 살아가시기를
당신에게 말하고 싶습니다.

2023년 7월에

김 건 일

차례

Contents

Contents

제3부 늘 향기로

Contents

Contents

제 1 부

사랑의 변곡점

이룰 수 없는
사랑이
아름답습니다

그래

그래
예쁘다
저
들꽃보다

저
별꽃보다
지구 꽃
온통 꽃
네가 예쁘다

그래
너는 불타는
동굴 꽃
너와 길을 나신다
마음 꽃

앵두

저 세상에선
앵두나무 밑에 묻혀
거기서 즐겁게 앵두 낭자로
따면서 사세요

열심히 사셨으니
부끄러울 것 없어요
그곳에선 펄펄 날며 제약 없이
살면 좋겠어요

그 누구도

지구가 거꾸로
돌아가는 걸 어쩌겠나

사람 머리로 걷는 걸
아무도 말릴 수 없는 일

새가 뒤로 난들 웃으면
그만이지 누구라 바로잡을까

뒤에 눈이 있어도 그냥
둬야지 누가 돌려놓을까

바다가 뒤집어져도
주어진 걸 즐기며 한세상 산다

제 인생 누가 간섭하리오
하늘 외 끼어들 이 아무도 없다

아직도

네가
그렇게 떠났지만

나는
지금도 서녘 노을
바라보며 아직도

너를
기다리고 있단다

어머, 너무나 예쁘네

여기 좀 봐
여기여기 말이야

꽃 좀 봐
어머, 너무 예쁘네

그러고 보니
너도 너무 예쁘다

나도 언제나
웃으며 살고 싶다

서로 자주 웃고
별꽃 보며 살아가자

저 은하교 다리에
발 담그고 달꽃 보리라

유월의 청춘

꽃으로
피어나고
향기로 다가옵니다

사랑하는 아내
씨앗은 심고
떠났다

이제
그 하늘을
바라보며 눈물짓는다

푸른 깃발
하얗게 변해도
그 님은 그대로이다

가슴에는
붉은 피가 아직도
뜨겁게 흘러 옥토를 가꾼다

상념

하늘을 본다
잿빛
멜랑콜리하다

그래도
창밖 지저귐
커피 한 잔 놓고

투둑투둑
거세진다
따끈함이 좋다

당신과 함께했던
흘러간
그때가 그립습니다

아버지 사랑

아버지
왜 이다지도 그리운지요
종아리 시퍼렇토록
맞아 보고 싶습니다
그 사랑 어찌 잊으오리까
떠나신 후 단 한 번도
꿈에 뵙지 못했습니다
미안해 하지 마셔요
저는 학수 울고만 있답니다

황소같이 일만 하시고
고운 색시 같은 아버지
막걸리 거나하시면 저 안으며
어깨를 토닥토닥
가 버린 그날 못잊어
이다지도 눈물 납니다
아버지!

그래야지요

웃을 일 없어도
만나면 나는 일부러
웃습니다
저쪽에서 보이면
얼굴 눈동자 표정 모두
화장을 합니다

웃음 화장 너무 예쁩니다

죽으면 썩어질 몸
자꾸 좋은 일에 써먹어야지요
웃어야 합니다
암, 웃어야지요
웃고 살아도 아쉬움
울기만 하고 소리소리
핏대 올려 뭐하나요

집

밥 먹고 사는 것
어디 가나 다 같아요
세계 개벽도 도원 없어요

내 사람 가정이
에덴이고 선경이지요
무엇 찾아 비행하나요

지척 그 옆에 행복도
사랑도 만족도 있답니다
역경 인생 내 집이 요람입니다

흔적

그대가 다녀간 시간은
별빛이고요

그대가 사랑한 마음은
달빛입니다

그대가 남긴 발자국
사랑의 옹달샘 솟아납니다

그대가 흰꽃 살아도
백옥 같은 순결 바라봅니다

휘날리는 백기 청춘의
노래며 천사의 부르는 소리

그대여 위대하오니
눈물 거두소서
가서 잘했다 상급 받으리라

별꽃 인생

별꽃 같은 나의 삶
모란 같은 당신의 마음
세상을 풍성하고
꿈꾸게 하지요

길을 걷는 나그네
섶에 꽃 한 송이 발걸음 재촉
새 희망 찾아 되돌아섭니다

구름 떠가는 길목에
앉아서
고향 하늘 그리며 글썽
나가리라 그리로 영혼의
본향 왜 못 가나, 언제나 가리오

사랑의 변곡점

이룰 수 없는
사랑이
아름답습니다

이루어진 사랑
찔리고
낭자합니다

이루어지지 말아라
그대 품에
스르르 잠들어라

마음

젊은 날이라고
사랑할까

서로 불쌍히
여기며 측은한 시선 보내라

비료이니 소중히 여겨라
바람 불어 네게 다시 오리라

너도 가는 날
눈물 없이 갈까 그러지 마라

힘없고 기운 없어도
젊음이 속에 잠들어 있노라

에덴에 올라 거기서
환호할 그날 반드시 오리라

초개

박사가
아니면 어떠랴
세상 속 깊이 들어가
보란 듯 살았다가

이제 밥사로 돌아서서
자연인으로 베풂으로
참된 삶 살아 보아라

초개 같은 너의 삶 아닌가
한 번 버리기 힘들지만
첫 번째 버리면 세상은 다
당신 것이 되리라

하루 세 번 밥
들어가면 그 이상 행복은
없으리라 그래도 못 버리나
다시 태어나거라 세상에

그리운 사람

너는 입으로
사랑받으며 사는 붉은
게

너는 눈과 품에서
사랑받는
개

나는 네게 가서
사랑받는
그리운 사람

나들이

나 어머니 아버지
손잡고 세상 따라와
이제 구경 다
마치고 해 질 녘 즐겁게
웃으며 돌아가노라

나 가서 얼싸안고
한없이 울어 둥둥 바다로
두 분 모시고 뱃노래 부르며
태평하게 살아 보리라
이젠 다시 헤어지지 않으리라

나도 모르겠어요

그때는
잘못했지만
다음은
잘하겠지요

믿어 보세요
기다려 주세요
어쩌다 그리 됐나
나도 모르겠네요

꼭이요
반드시
날 좀 봐 주세요
왜 그랬나 나도 모르겠어요

보글보글

슥슥슥 싹싹싹
파도 썰고
호박 당근 솔솔솔
참기름 들기름 참깨도 살살
조물조물 나물도 무쳐
김치도 사각사각 접시에
된장국 보글보글
끓는 소리 침이 꼴깍
파스타도 줄줄
뽀얀 밥 한 그릇 둘러앉아
즐거운 가족 식사
와!
천국이 따로 있을까

자목련

꽃잎에 눈 내려
내 마음 철렁

세상의 설경
환하니 쥐 죽은 듯

시끌시끌 걷는 길
그래도 걷고 싶은 길

내가 가는 그 길
뽀드득 귓가 그리움만

꽃잎 파르르
아, 더욱 눈부신 네 모습

들꽃

우습게 보지 마라
나도 한때는
사랑받는
꽃이었답니다

제 2 부

발자국 소리

떠나신 아버지 그립다면
밀려오는 먹구름을 보며 반겨라

부서지는 파도가 그립다면
어머니 발자국 소리 들어 보아라

당신과 나

날마다 잘해 주자
주어진 하루 당신 위해 살게요
언제 돌연히 헤어질지 모르니
함께 있는 날 귀히 여겨 당신
천금 보배롭게 사랑하렵니다

당신도 얼마 전보다 곧 팔십을 바라보니
언제 뜻밖에 이별할지 내게 잘해 주네요
음식도 반찬도 맛난 것만
골고루 주는 걸 알고 있답니다

젊은 날 파릇파릇 그날은
오직 자신만을 위해 사는라
고집 객기와 기고만장 웃음 그 기개 다 어디로
저 들풀 흐느적 그때가 그리움 왜 일까요

날마다 마지막처럼 살아라

마지막이 따로 있나
순간 퍽퍽 저기 좀 보세요

시작이 따로 있나
오늘이 생의 첫날이지요

그렇게 사시는 당신은
세상을 다 가진 행운아입니다

뭐든 하면 형통
복을 얼레 술술 저기 보세요

건강하면 장수도 주리라
그러다 객기 부리면 한순간

아쉬운 듯

살 만큼 살았으니
아쉬운 듯 떠나면 자손이

먹을 만큼 먹었으면
한 숟가락 더 내려 놓고

돈도 벌 만큼
벌면 탐욕은 내려놓고

행복할 때 떠나야
시기 지나면 행복이 떠나고

염치 이웃 자주 가면
눈살 찌푸리고 짜증 내고

손님 삼 일 지나면
어서 가길 재촉하시고

웃으며 사는 거야

복작복작
재밌게 사는 거야

시끌벅적
정신없이 살아가야지

오순도순
정겹고 살갑게 살아야지

바글바글
어울려 떠들며 사는 거야

가다 쉬어 가니
세상 꽃깃발 너무 즐겁다

꽃 피고 지고
흩날리면 붉은 잎 곱다

유월을 사랑하자

아!
오월이 갔다
슬프지만 유월의
짙푸름 다가온다
유월에 묻혀 살아 보자

잊으라 가 버린 것
그리워지지만
눈물 거두라고
짙은 뭉클 울렁인다
안고 사랑하며 살아가자

풀꽃

펜스 너머
풀꽃이 고개 쳐들고
나를 보며 애원한다

분재에 심어져
사랑받으며 살고 싶다고
아니다
너는 일생 그곳에 살아갈
숙명을 지녔다고

나도 널 안아 주어
귀히 받고 살도록 하고 싶구나
그렇지만 아서라 아서라

어느 날

어느 날은
무작정 당신을
기다린 적이 있었습니다

당신과
약속을 한 줄 알고

다행이다

어제 보내고 새날을
맞으니 정말 다행이다

살아 있어 누구나

세상 올 때 선고받고
누구나 온 것 그래도 아직
세상에 머무니 다행이다

사랑하는 가족과 아침 밥상
즐거운 분위기 둘러 앉아

당신 정말 다행이다

당신을

내가 시간을 보며 준비했지요
당신을 만나기 위해

해후에 가슴 설레며
지나도 오시지 않으니 갸우뚱

내가 약속을 하지 않고
혹여 그랬나 아님 저쪽에서
오시다 돌부리에 넘어졌나

내가 그러면 그렇지
당신이 그럴까
세상 별스런 생각 다 드네요

차리고 입은 옷 그대로
산뜻 만난 듯 지내리라

무제

비우니
채워 주는 걸

낮추니
더욱 존경받으며

마음이
풍족 부족함 없도다

매사 감사
세상아 웃음길 간다

가도 가도
꽃길로 모두 함께 가요

나도

참 바쁘게들 산다
바람처럼 나가서 둥근달

참 열심히 거둬들인다
입에 물고 들고 지고 이고
그저 쉬임 없구나 곳간으로

나도 버리고 갈 것을
처참 열심히 모으며 어디론가

결국 다 버리고 그 손도
잽싸게 갈 것을 너무나
한편 가련하고 눈물만 난다

당신이 계신 곳

당신이 부르면
바로 달려가오리라
네, 하고

당신이 가시면 나
서러워 매달릴 겁니다

당신이 아주 가시면
내 어이 하늘가 서성여도
나 가오리다

당신이 날 품어 주면
스르르 잠들어 영원할 것입니다

가도 가도 끝없어도
당신이 계신 곳 다다르리다

피상속인

재물 주려 자손에게
상처 주지 마라
자손을 두 번 죽이는 것이다

덕을 쌓아 자손이 잘 되기를
바라며 기도하라
가장 소중한 유산이다

재물은 이웃 사회
생전에 많은 씨앗을 뿌려라
그게 당신과 자손에게 복

발자국 소리

어머니가 몹시도 그리우면
오월의 치맛자락 잡아 보아라

사랑한다면 거리를 두라
향기에 깊은 상처 입을까 하노라

보고 싶다면 공을 보라
구름 속에 웃고 있으리라

고향 그리워 울고 싶다면
천에 푸하 꾀벗은 소년을 보라

떠나신 아버지 그립다면
밀려오는 먹구름을 보며 반겨라

부서지는 파도가 그립다면
어머니 발자국 소리 들어 보아라

갑시다

갑시다
당신이 계실 듯한 그곳으로

삽시다
언제나 변함없이 꿈꾸며

곱습니다
당신은 언제 보아도 꽃이에요

만납시다
꿈에도 닿으면 기다려 당신

그립습니다
떠나간 그날부터 지금도

보고 싶어요
미소 짓던 모습 떠오르네요

행운이다

사람은 누구나
비 오고 을씨년스런 날
창밖을 보며 떠오르는
그리운 모습 떠올리는 건
행복한 사람이다

그마저도 없다면
삶을 향해 어찌 나아가나
나는 커피 한 잔 두고
그 얼굴 떠올리며 미소 지으며
입가에 커피
그나마 행운이다

연탄재

쌓아 놓은 연탄재
같은 삶 아무도 알 수 없나니

퍽퍽, 퍽
늙었다, 다 한 삶일까
젊었다 아직 멀었다 할까

주어진 삶
감사히 살면 그게 행운이다

꿈

그대 다녀간 후 밤 꿈에
생시처럼 절 찾아왔었지요
너무나 즐거운 시간을 가지며
새벽 두 시 눈 뜨니 꿈이더군요

오늘은 주변이 온통
찔레 아카시아 꽃이 슬프듯 향기를
다투어 쏟아 천지를
다 물들이고 있네요

모란이 지고 말면 뚝, 뚝뚝
누구의 눈물일까요
나그네는 그래도 길을 나섭니다

그대 향기로 물들이고
나는 태양을 보며 눈부심에
이 모두가 꿈이랍니다

소나무

그 숱한 세월
비바람 눈보라 바위틈
고난의 그 시간 고고의 인품
기암절벽 바위틈 천신만고의
네가 이젠 천년의 억겁을
바라보며 고고히 내려다 보며
묵묵히 지켜보고 있구나

나를 보며 절망하지 말라고

오월아

오월이 가고 있어요
눈부신 오월이
가면 나 서럽고 애원해도
다시 내게 못 오시리라

나 어쩜 좋아요
가시지 마셔요
내 피눈물 보시렵니까
그리만 하셔요
두 번 다시 님 곁에 돌아오지
않을 것입니다

눈꽃 피고 별꽃 펴도
아니, 무릎에 두둥실 애드벌룬
돌아서 버릴 거니까요

추억

세상 참 많이 변했다
모 찌는 사람도 없고
못줄도 온데간데없고
트랙터와 이앙기 소리만

내가 어릴 적엔
이맘때쯤 온 동네 사람들 모여
모내기하느라 정신이 없었다

자~ 하는 소리에 못줄을 띄고
구령 따라 허리 펴면
저 멀리 오시는 어머니 모습이 보인다

큰 사발에 시래깃국 오이와 양파로 버무린 반찬
오순도순 꿀맛 새참이었다

기계 소리만 덜덜덜~
삭막한 세상 새삼 그 시절이 그리워진다

모기

모기가 송곳으로
찌르고 달아난다

치지직 휘휘획 뚝
네 다리 들고 누웠다

너도 영원히 살고 싶어
갈 때는 누워 가는구나

인간도 삶 마무리
편안히 누워서 간단다

이웃

내가 먼저
꽃씨
하나 심었더니
웃음으로
오간다

제3부

늘 향기로

삶이 세상에 흔들려도
내가 당신을 잊지 않고
늘 향기로 다가가겠습니다

너무 좋다

북적이는 인파 속에
외로움이 있을 거다

외롭지 않은 것은 잠시
또 외로움이 밀물처럼 다가온다

전동차 타고 어머니도
외로워서 세상으로 나간다

나는 창가에 앉아
커피 한 잔 놓고 외로움을
달래니 너무 좋다

뒷모습

아침 햇살 맞으며
가는 당신의 모습이 눈부셔요

세월 싣고 온 삶
자전거 타고 달려가네
당당 여장군 오늘도 활짝

그 세월 징검다리
뭉턱뭉턱 지금은 물결로
햇살이 친구로 웃어 줍니다

고맙습니다
사랑합니다
건강하세요
백세 장수 바랍니다
눈물납니다

모퉁이 돌아 나가는
당신 뒷모습 아름답습니다

잡초도

어제 본 사랑하는 아들
오늘 해후 기적입니다

내 손으로 신을 신고
뜨락 내리면 또한 기적이다

내 손으로 신발 신을 수 있는 것
그게 기적입니다

밝아 오는 창문 지저귐
깨우면 이 또한 기적입니다

아침 밥상 당연하지 않고
자신 다스려 감사하겠습니다

뜨락 내려 밟히는 잡초
귀히, 우는 모습 듣겠습니다

비빔밥

더러운 것도 보고
싫은 냄새도 때론 맡고
먹기 싫은 밥도 먹어야 한다
때로는 눈물 섞인 밥을

꽃만 보며 어찌 사나
가시도 엉겅퀴도 봐야지
등나무 얼기설기 살아야지

듣기 좋은 말만 듣고
단소리 쓴소리 비빔밥
세상 뭐든 다 먹고 살아야지

병 없기 바라지 마라
건강하기만 바라지 마라
주어진 길 없다
놓인 대로 건너가야지

때로는

짜증스런 모습
가끔 보면 사랑스럽다
앙탈은 더 귀엽고
늘 바르기만 무미건조
무슨 재미로 살맛 날까
하늘에 어머니 외쳐도 봐야지

누가 어떻고 저떻고
이 말 저 말
남의 흉 때론 재밌다
이 얘기 저 얘기 시끌벅적
그게 세상 사는 재미 아닌가
혼자 크게 소리도 질러 봐야지

늘 향기로

흔들리며 향기 내는
아카시아 꽃
꿀벌 울어 대는 오월이지만

삶이 세상에 흔들려도
내가 당신을 잊지 않고
늘 향기로 다가가겠습니다

녹

녹슨 대문
훨훨 옛사람 떠난 그림자

녹슨 철모
청춘이 고이 잠들어 있고

녹슨 바퀴
찬란한 부귀영화 덧없고

녹슨 꽃
울고 떠난 그 임이 던진 것

녹슨 마음
미치광이로 세상을 뒤집는다

태양의 녹
청춘이 못다 이룬 쇳물

세월아

이리도 가혹하단 말이냐
세월아

인간을 무자비
비창같이 끌고 가는구나

말없는 사람 더
무섭고

김 안 나는
숭늉이 더 뜨겁다더니

지척이 천 리
마음은 숯덩이

언제나
조금 여유 좀 베풀고 살려느냐

투두둑

비가 때린다
아이 기계총 머리 빠지듯
목련이 뭉턱뭉턱 눈물이
땅을 파헤친다

그래, 어쩌랴
그렇게 가는 걸 내 어이
가로막으리오
서러워 마라 언젠가 눈부신
그날을 또 한 번 기다려 보자

사랑하는 아들아

네가 고고의 소릴 내며
세상 올 때 아버지도
삼십 대의 꿈 많고 씩씩한
청년이었단다

네가 벌써 오십
낙엽 바라보며 노을길 걷고
있구나 너무 멀리 온 세상
언덕에 고이 잠들면 꿈을 꾸리라

아직 내가 머물고 있음은
그분 은총 많이 사랑하고
아껴 주며 못다 한 것이 있다면
떠난 뒤 아쉬워 말라 그런가 보다

빈 그릇

청춘은 가고 나면
늙게 마련

꽃은 피고 나면
지게 마련

사랑은 하고 나면
식게 마련

태양도 저녁이면
어둠이 내리게 마련

탐욕도 지나면
덧없기 마련

정신없는 삶도
돌아보면 빈 그릇

눈물나게 사랑스럽다

세 살
다섯 살
여섯 살

나도 저런 시절이 있었다

저기, 엄마와
시민공원에 온 가족들
참 행복해 보인다

나도 치성 들여
세상에 태어났으니
조선에 없는 아들로

참, 귀하게 살아왔구나

어머니 만나면
착한 일 했구나
아들아 하시리라

하늘이 내게

우연히
인생길 걸어가다
귀인을 만났습니다
그분은 나의 스승이었습니다

목표 세워 죽을힘 다해
노력했지만 물거품이었습니다
절망과 슬픔에
뜻밖에 귀인 만나 저절로 이루었습니다

세상바다 건너가며
지쳐 쓰러져 포기하고 싶을 때
힘을 내어 노 저었더니 하늘이
절 귀하게 살라 힘을 주었습니다

감나무

뜨락을 내려서니 뚝,
고운 꽃 한 송이
너는 세월도 여전히 곱구나

나는 한없이 변해서
널 손가락만 할 때 심었던
그때가 떠오른다

너도 마음 상처
몸의 상처 입으며 힘들었으리라
너와 함께하니 너무 좋구나
저곳에 갈 때도 같이 가자

그래도

지금껏 긴 세월
함께한 당신
고맙고 감사하오
그 세월 다 살아 둘이
고개 들어 하늘 보며

그래도
아직 잡은 손 놓지 말고
저 언덕 오를 때까지
함께 걸어갑시다
감사하고 고맙소

파리

파리 한 마리가
쏜살같이 비행을 한다
어디서 겨울을 났나

제 세상 만났다고
화살보다 빠르다
밥상 차려 놓으면 어느새
먼저 와 턱하니 앉아 먹고 있다

탁, 잡아 보니 배는 비었다
먹지 않고 어찌 살아 남았나
나름 사는 방법은 있는가 보다

살충제 들고 나와
치치칙칙 저 장롱에서
꾹, 누르니 피가 톡 에고

마음

예쁘게 보면
꽃 아닌 게 있을까요

밉게 보면
잡초 아닌 게 없겠지요

나는 당신을 볼 때
항상 꽃으로 보렵니다

흙

멧돼지가 진흙탕으로
목욕을 한다

참새가 곱게 일군
밭고랑 고운 흙 날개로
구석구석 시원하게 휘휘휙

닭 부부가 흙으로
목욕 개운하게 나들이 나간다

딱새야 너는 어디서
사우나 하기에 한 번도
우리 목욕탕에서 하지 않느냐

당신과 나도 그날 목욕
흙구름 타고 홀연히 사라진다

스승

세 살 아이도
나에게 스승이다

세 사람이 걸어가면
그중 한 사람은 나의 스승이다

당신은 인생길 참된
스승을 만나 보셨나요

무엇보다 진실한 스승은
내 자신인 걸 한시도 잊지 마셔요

그렇다면 당신은 귀인을
만나 지금은 비단길 걷고 있을 것입니다

빙긋이 웃네

장미꽃이
누각에서 나신으로
나를 오라 하네

모란이 가슴
풀어 헤치고 유혹
나를 오라 기다린다

찔레꽃 뚝뚝뚝
나 어이하나 눈물로 한탄
땅이 갈라져 내리고

달맞이꽃
어둔 밤 서성이며
길목에서 나를 기다리네

아카시아 꽃 흐뭇
물끄러미 그래그래
내려다보며 빙긋이 웃네

지금은

예전엔
날마다 달마다
해마다 아침이었지만

지금은
집으로 가는 저녁
굴뚝 연기 오르는 날이다

제 4 부

찔레꽃

무정히도 날 뿌리치고
홀연히 떠나가신 어머니가
다시 그리운 날입니다

알쏭달쏭

한돈과 수입
철저히 보고 또 보아야

데이지와
구절초 뚫어지게 보아야

흑두건 쓴
나이팅게일 천사

계절과 시각
초월 쏟아지는 신조어

요지경 속 보기
다를 바 없는 세상이라

인격자 못난 사람
분별하기 알쏭달쏭

참깨

참깨 쭉정이
우습게 보지 마라

너는 언제 한 번
누군가에게
고소한 적 있었느냐

오월

눈부신 임이여
빗장을 열어 그대를 반기리

짙은 유월은 임의 품에 묻혀
몸부림치며 흐느끼리라

네가 떠나면 우수수
조락으로 서럽도록 울리라

나눔

기쁨을 나누면
배로

슬픔을 나누면
반으로

사랑을 나누면
생명의 강

굶주림 나누면
날개 살며시 안착

나누고 나누면
지구 구석구석 꽃밭

인내를 나누면
행복이 모락모락

빈 병

빈 병 못 줍는 것
슬퍼요
속상한 사람이 좀 줄었나 봐요

할머니 자식 키워 내시고
좀 쉬셔야 하는데
나를 또 키워야 하시니 슬퍼요

빈 병 주워 황량한
인생길 걸어가지만
빈 병 채우며 살아가야죠

임

사랑한다면
가까이
가지 마세요

향기에
깊은
상처를
입습니다

기적

저녁에 잠자리에 들어
아침에 일어나면
그게 기적입니다

오늘도 보고 싶은 사람을
마주보며 맛나게 밥 먹으며
꽃피우면 이 또한 기적입니다

오늘도 현관을 내려와
내 손으로 신발을
신을 수 있다는 것이 기적입니다

아침에 집을 나서서 해거름 들어와
가족과 웃으며 식탁에 둘러앉는 것

기적은 하늘을 오르고
별을 따 오는 것만이
기적은 아닙니다
감사하면 기적이 일어납니다

이별 연습

날마다 시작하고
이별을 한다

그렇게 시작과
끝을 마무리하며 살아간다

어느 날 느닷없이
날개 다는 사람을 보며

그리하여 오늘도 회한의
뒤꿈치 없도록

찔레꽃

네 향기 짙은 날
이끌림에 길을 나서면
온통 천지는 네 세상이구나

네 길섶 뭇사람들
조금 여유롭게 내 주어라
그리 눈을 부라리고 있느냐

무정히도 날 뿌리치고
홀연히 떠나가신 어머니가
다시 그리운 날입니다

유혈 낭자 천지가 붉게 물들어도
너라도 붙잡고 한없이
울고만 싶구나

꿈꾸듯 살자

세상 떠나는 것은
꿈을 깨는 것이다

꿈꾸듯 살다
꿈꾸듯 떠나는 우리네 인생

진정 내 집으로 돌아가
바라보니 가련한 사람들

그래, 거기서 잠시 누리다 오르면
영생 복락을 누리리라

떠난 님

꽃 한 송이 뚝
그대 눈물입니다

다 떨구고 나면
새초롬 다시 외로움
호올로 그 자리 지키며
그리워하겠지요

꽃 두 송이 당신의 사랑
굳건히 그대를 지켜 주리라

그 마음

말하지 않아도 압니다
그 마음을
바라보며 걸어온 길

세월이 강물처럼 흘러가고
거꾸로 흐르면
그날은 서럽기만 하겠지요

바위

세상 거센 파도
숨가쁘게 헤치며 지금 여기에

뭍에 조용히 올라
이제 그만 쉬어야지 이제 그만

날개 달고 연기로 올라
그분 품에 다다르면 잠들리라

그분 마음

어버이 그분 마음
효도의 손길 하늘의 복
마음의 꽃밭
세상의 행복
평생 푸른 바다
들녘에 황금 물결
넘쳐흐르네

가자가자 변곡점 저곳
꿈으로 펼쳐 보리라
내 너를 지켜 주리라
하늘 축복 땅의 축복
다 받으리라
삶의 곳간 칸칸이 채워 주리라

들꽃을 보라

저 들꽃도
비바람 눈보라 맞으며
의연히 피어나지 않았던가
그리하여 피고 다시 졌느니

삶이 당신을 힘들게 하면
흔들며 울어 대는 모습을 보라
수천 년 세월
원망이나 탓함 없이 그 자리를
꿋꿋이 지켜 왔노라

나 떠난 후

나 살다 떠나거든
하늘가 어딘가 있을
제 모습을 바라보아 주세요

나 살다 떠난 후
잘한 것도 못한 것도
그냥 가 버렸다 말해 주세요

제가 살다 떠나면
군인, 또한 시인으로
살다 떠났다고 말해 주세요

내 잠든 무덤가
가끔 찾아와 따뜻한 한마디 말해 주세요
그러면 반가워할 거예요

행복의 불

활화산 화가
입에서 나나니

입은 화를 부르는
첫 관문이요

재앙을 초청하여
자신의 몸을 불사른다

굳게 닫은 성문을
지키듯 병사의 창끝을 보라

입이 좋다면 세상 이보다
좋은 보석이 있으리오

입이 아름다우면
이 꽃에 비할 길 없도다

아름다움

꿩은 수놈이 눈부시고
암컷은 고요하다

닭도 수탉이 위용을
암탉은 투망같이 감싸고

달빛은 고요하고
태양은 천지를 달군다

어머니는 품속 가득
아버지는 용기와 꿈을 주고

지구는 근면과 열매를 주렁주렁
우주는 어머니 품이다

세월에게

세월아!
예전엔 몰라서
꿈속에서 헤매며 울었고

지금은 알아도 인간의
연약함 울며불며 사는구나

너는 형체 모습도 없지만
모든 인생을
파고들어 삶 아프게 하는구나

세월아!
울음보다 웃음 주어
짧은 삶 괴로움 주지 말아 다오

머뭄이 다하면

꽂아둔 꽃 돌아보니
시들어 버렸네
쓰레기통에 던져 버렸다

우리네 인생도 세상
살 만큼 살면 떠나야 하지 않는가
아쉬워 할까

머뭄이 다하면 출발하여
또 갈 곳 찾아서
대문 나서서 가야 하거늘

당신은 다음 목적지
정했나 뜬구름 흐르듯
바람 따라 정처 없이 가리라

너무나 고와요

당신은
참 고와요
꽃보다

그 옛날 규수 때보다
긴 댕기머리 그때보다
어여쁘네요

다시 인생의 봄
시작해 보세요
사랑이 노크할 거에요

피부는 비단결
눈동자 빛나고
누군가 그리워하는 그 모습

얘야 뭐가 그리 섧더냐

얘야 이제 한 뼘
인생 살았구나
닭똥 뚝뚝
떨어져 대지도 운다
내 어린 시절

생각난다
얘야 뭐가 그리 섧더냐
즐거움도 너를 멀리하는구나
인생이란 그런 것이란다
얘야 네가 꽃이란다

세상이 너무 넓구나
가야지 가야 한다
한 발 떼어 보아라
그래 그렇게 하는 거란다
잘했다

손잡고 살자

용서하고 살자
용서받고 살아가자
너 나 많은 허물 하늘에 닿지만

서로서로 손잡고 지금

웃으며 흥겹게 꽹과리
용서는 가장 위대한 승리다
너 나 개선장군으로 살아가자

제 5 부

연꽃을 보아라

진흙탕 속에서도 눈부신
꽃 향기 자신을 후예들
본을 보여 바람 타고 사는 것

연꽃을 보아라

연꽃은 자신에게 주어진
능력 초과하지 않고
넘치면 내려 놓는 것
진흙탕 속에서도 눈부신
꽃 향기 자신을 후예들
본을 보여 바람 타고 사는 것

발이 대궁이 부러지도록
휘잡아 삶을 힘들게 하는가
진흙탕 속 눈망울
피우지 못하고 아름다운 세상
추함만 남기려 하는가
연꽃은 쏟아 버리는 것을

그래, 사랑하고 있단다

말없이 사랑하여라
물끄러미 바라보기만 하고

들꽃 보듯 보지 말고
가까이 다가가 보아라

당신을 사랑하고 있다고
속삭여 주어라

가는 세월 탓 말고
지금 손잡고 사랑해 주어라

떠날 때 웃으며
꼬옥 잊지 말고 사랑한다

빈 그릇

청춘은 가고 나면
늙기 마련

꽃은 피고 나면
지기 마련

사랑은 하고 나면
식기 마련

태양도 지면
어둠 내리기 마련

눈물 닦으면
웃음 나기 마련

정신없는 삶도
돌아보면 빈 그릇

삶이란

대책이 없다
그저 열심히 살면 되느니
그러다 보면 앞이 보인다

그 어떤 방법은 더구나
게으른 자는 그 누구도 배척하니
새도 어둠을 뚫고 일어나 날고
모이를 모은다

당신은 세상을 이기는 주인이다
세상에 뭘 원하지 말고 세상을 지배하고
가로등도 밤을 새워 새벽까지 일하지 않는가

당신의 손

당신의 호미 든 손
쩍쩍한 발 논바닥
밭 매고 고구마 감자 심어
굽이굽이 이고 온 길
세월 이긴 그 손
낭자 때보다 더 곱더이다

바라보면 눈물이요
만져 보니 나무껍데기
바닥은 거북등
꽃다운 그때보다 황금 손
당신을 여왕으로 섬기며
그날 손 꼬옥 잡고 떠나리라

사월에는

사월에는 아픔 없게 하소서
떠난 님 돌아오고
뻐꾸기 우는 날이 많게 하시며

저 푸른 강물 붉게 물들지 않고
노 저어 희망의 노래 부르게 하소서

심연의 해원으로
풀어내고 가슴 치며 울지 않고
불의 싹트지 않게 하소서

사월은 누구나 빛나는
오월을 기다리며
저 높이 오른 얼레꽃 동토로 날게 하소서

잠시 쉬고 있구나

태어나 세상 바라보니
광활함에 울었고

사느라 고생고생
되돌아볼 시간 없이 바람으로 달려

황혼엔 늙어 병드니
이 또한 병듦으로 고생이라

이러나저러나 몸 쉴 곳
둘러봐도 어질어질하도다

그래도 별 찾아 지구의
한켠 잠시 잠깐 쉬고 있구나

기적의 해로

부부가 일생
해로하기
이보다
기적이 있을까

부부가 그날 맞아
잡은 손
고이 놓고
먼저 꽃길 에덴에 이르러

그분이 보시고
만난 극복
사랑의 씨앗 싹틔웠으니
놀라시며 상급 주시리라

나들이

당신을 만나서 어언
오십육 년 세월이 흘러갑니다

세상 모래밭 걸을 때는
힘겨워 잡은 손 놓지 않았고
갈팡질팡 중심 잃고

자갈밭 걸으면 뒹굴고 자빠지며
어린것 송곳 품에 안고 온몸으로 맞서고

꽃길만 보며 힘을 내
아스팔트 길 걸어 지금은
눈부신 저곳을 바라봅니다

다음 주 토요일 가볍게
바람도 쐴 겸 나들이 갈까 해요

하늘 소리

하늘에는 예측 불허의
비바람 일고 인간에겐
조석 화와 복이
그러므로 잠시 잠깐도
객기 자중하며
삶을 엄숙 임해야 하리라

눈부신 하루도 지나니 그만이고
슬픔도 기이보면
웃음의 씨앗 자라고 있나니
꽃잎 지고 님 가신다 서러워 마라
가면 오시리라

쏟아지는 빗소리
커피 한 잔 창가 놓고
하늘 소리 들으니
천지가 온통 조용 경이롭구나
낙원이 바로 여기로구나
무지갯빛 깨어 보니 꿈이로구나

꽃

좋으면 꽃
아닌 게 없고
싫으면 흑장미 아닌 게 없다

세상은 당신이
피워 낼
장미꽃이다

당신은 주먹을
활짝 편 공작새로
세상을 보라

보고 싶습니다

아버지!
오랜만에 불러 봅니다
조선에 없는 아들이 오 남매
알토란 낳아서 예쁘답니다

아버지!
세상 사는 동안
어찌 꿈에도 한 번 못 오셔요
잊거나 버리시진 않으셨겠지요

아버지!
다툼 슬픔도 버림도 없어
에덴에서 사시느라 꿈결 같은
나날 보내고 계시나 봐요

아버지!
귀엽고 사랑스런 손자 손녀
재롱 안아 보고 싶지도 않으세요
부탁이에요 꿈에라도 오셔요

고마운 꽃

당신은 세상
그 어떤 꽃보다
아름다운 꽃입니다

세월 오가도
시들지 않는 영원한
나의 마돈나여

세상에 나아가
짙은 향기 울음 걷어 내고
웃음꽃 피워 냅니다

당신은

내가 당신을 사랑하는 것은
내가 좋아하기 때문만은 아닙니다
누구보다도 삶 앞에 엄숙
자신에게 주어진 길 묵묵 곁눈 주지 않고
걸어가는 모습을 보고 있기 때문입니다

세상 시끄러운 것도 잘 들어 보면
노래하고 춤추는 것과 다름이 없습니다
쥐 죽은 듯 조용하면 무슨 재미
생각하면 아유 못살지요
때로는 흥이 살맛도 나지요
좋게 좋게 생각하면 모두
당신은 꽃과 꽹과리입니다

시련이 준 선물

아픔이
당신에게
준 게
얼마나
많은가 헤아려 보아라

당신은
삶의
고귀함
겸손을
한없이 받지 않았는가

품격

부모님으로부터 모르고
세상 태어났고

예수 믿고 다시 태어나
새 생명 천국이 집이로다

작가로 세 번 태어나
진정한 사람다운 사람으로
살아가니 하루가 천년이요
천년이 하루 신선이로다

태어나기는 쉬워도
사람답게 살아가기는 힘들다
사람다움이란 과연 무엇인가
고뇌하며 잠자리에 든다

내가 당신을

내가 당신을 사랑해서
나는 별이 되었구나

내가 당신을 바라보면
행복이 모락모락

내가 당신 손잡으면
세상 손 놓으리다

내가 세상 향해
달려가면 별꽃으로 내리고

내가 길을 나설 땐
세상보다 당신 뒤따르리다

내가 꿈을 꾼다면
금보다 당신과 꿈꾸리다

님

눈부신 날이 있었다면
그늘진 날은 없을까

가는 님 마중하며
눈물 쏟으면 서러움
돌아서야 알리라

가 버렸다
돌아 안 올까
언젠가 그날이 도래하리라

산소

그 길을 걷는다
아버지 어머니 사시는 곳
제비꽃 할미꽃
마주 보며 웃고 계시니
이젠 마음이 놓인다

살아생전에 그렇게
자주 다투시더니
손잡고 계시는 모습
아름답고 고귀하다
나도 무척이나 기쁘다

열매

삶이란 뒤안길에 나는 무엇을 했나
조용히 되돌아봅니다

가고 오는 인생길
허망하게 살아오진 않았나
조용히 나는 비둘기 보며
볏가을 씨앗 거둬들여 봅니다

때론 엎어지고 자빠져서
쓰라림도 눈물겨움도
주저치 않고 힘찬 질주
인생의 사명 다 했나이다

다 내려놓고
당신 곁 가까이 가오니
불쌍히 여겨 손잡아 주소서

눈물

세상 올 때
울고 왔는데

사는 동안도
모두들 울고 살다

갈 때도 울고 가야 하니
그 울음 언제 그칠까

저 세상에선 바다가
갈라져도 눈물은 없겠지

詩에는 아름다운 그림 음악 꽃이 가득 피어나

장 병 진

〈시인·목사·작가회 일본지회장〉

김건일 시인 시집 『어머, 너무나 예쁘네』 출간을 축하드립니다. 제목에서 알 수 있듯이 시 속에서도 모든 사물을 바라보는 눈빛이 확실히 남다르게 바라보고 항상 권면의 말씀이 가득합니다.

김 시인의 詩는 밤새 풀잎이 토해 낸 이슬방울같이 맑고 순수합니다. 시어들이 평범하지만, 대상에 딱 맞는 단 하나의 말이 포도 알처럼 들어와 박혀 포도송이를 이뤘습니다.

詩 창작의 트라이앵글을 고백, 묘사, 발견이라고 할 때 시인의 솔직한 고백과 거울 같은 묘사 진리의 발견이 구름 지나는 하늘처럼 언뜻언뜻 밝은 빛을 비춰 줍

니다. 그 밝은 빛이 바로 시인이 독자들에게 주시고자 하는 詩 속의 예쁨입니다.

김 시인께서는 한평생 오직 한 길 군인의 길을 걸어 오시면서 순수한 정서를 잃지 않고 詩를 쓰셔서 여러 장병들에게 정훈 교육을 하셨고, 제1시집 『그러려니 하고』, 2집 『네가 꽃이었구나』, 3집 『그렇게 살아가는 거야』의 창작집을 출간하셨습니다.

군인의 길에서 겪으면서 얻은 고난과 행복을 진주처럼 토해 시인께서 보여 주신 삶은 성경 말씀 그대로가 아닌가 합니다.

아들이 목회자요 딸이 목사 사모님으로 주님의 사역자로서 자녀 교육에서도 모범적으로 "항상 기뻐하라 쉬지 말고 기도하라 범사에 감사하라 이는 그리스도 예수 안에서 너희를 향하신 하나님의 뜻이니라."

시인을 통해서 하나님의 뜻이 전달되는 듯 보였습니다. 병영생활에서도 늘 詩로서 훈육의 말씀으로 행복을 주셨고 군인으로서의 사명을 마치고는 詩로 행복을 주시고자 하니 참으로 은혜가 넘치는 삶이라 생각합니다.

이러한 은혜가 넘치는 삶 속에서 즐거움이 크므로 장차 젊은 열정과 신념을 지킬 수 있으리라 생각합니다. 詩는 언어로 그리는 그림이고 언어로 연주하는 음악이며 언어로 피워 내는 꽃입니다.

詩가 위대한 것은 아무리 슬픈 사연도 詩가 되면 아름다운 그림이 되고, 아무리 화나는 것도 詩가 되면 아름다운 음악이 되며, 아무리 아픈 것도 詩가 되면 아름다운 꽃이 된다는 것입니다. 김건일 시인의 詩 속에는 아름다운 그림과 아름다운 음악과 아름다운 꽃이 가득 피어 있습니다.

앞으로 더욱 좋은 시상으로 더욱 아름다운 詩를 쓰시고 더 많은 이들에게 아름다운 행복을 선물해 주시길 기원합니다.

김건일 Ⅳ시집

어머, 너무나 예쁘네

초판 인쇄 2023년 7월 20일
초판 발행 2023년 7월 25일

지은이 | 김건일
펴낸이 | 김효열
편 집 | 이미정

펴낸곳 | **을지출판공사**

등록번호 | 1985년 2월 14일 제2-741호
주 소 | 서울시 마포구 양화진길 41, 603호
우편번호 | 04083
대표전화 | 02) 334-4050
팩시밀리 | 02) 334-4010
전자우편 | ejp4050@hanmail.net

값 13,000원

ISBN 978-89-7566-231-7 03810